# Insectes de chez nous

## Diane Swanson

Texte français de Claudine Azoulay

Éditions Scholastic

Catalogage avant publication de Bibliothèque et Archives Canada
Swanson, Diane, 1944-
Insectes de chez nous / Diane Swanson; texte français de Claudine Azoulay.

(Canada vu de près)
Traduction de : Canada's bugs.
ISBN 978-0-439-94674-2

1. Insectes--Canada--Ouvrages pour la jeunesse. I. Azoulay,
Claudine II. Titre. III. Collection.

QL467.2.S96314 2007          j595.70971          C2006-906678-7

**Crédit pour les illustrations et les photos**

Couverture (asile), p.1, 5, 15, 18, 20, 23 et 38 : © Alex Wild/www.myrmecos.net; couverture (sauterelle)
et p. 28 : © 2001-6 M. Plonsky; couverture (coccinelle) : © Ralph A. Clevenger/CORBIS;
4ᵉ de couverture et p. 50 : © CDC/PHIL/Corbis; p. 49 et 53 : © Gary Alpert; p. 6 et 13 : ©
SuperStock/Maxximages.com; p. 8, 11 et 48 : © Bartomeu Borrell/Maxximages.com; p. 10 :
Creatas/Maxximages.com; p. 19 et 36 : © James Robinson/Maxximages.com; p. 21 : © IFA
Bilderteam/Maxximages.com; p. 31 : © Mark Chappell/Maxximages.com; p. 32 : © Donald
Specker/Maxximages.com; p. 46 : © Jack Clark/Maxximages.com; p. 26, 30, 35 et 40 : © Bill Ivy/Ivy
Images; p. 16, 41 et 45 : © John T. Fowler; p. 3 : © iStockphoto.com/Jeroen Schröder : p. 25 :
© iStockphoto.com/Daniel Mathys; p. 42 : © iStockphoto.com/royrak.

Édition publiée par les Éditions Scholastic, 604, rue King Ouest,
Toronto (Ontario)  M5V 1E1 CANADA.

6 5 4 3 2 1          Imprimé au Canada          07 08 09 10 11

# Chapitre 1

# L'asile

L'asile ne joue pas avec sa proie. Elle saisit l'insecte, le transperce avec sa bouche en forme de bec et lui injecte dans le corps un poison qui en liquéfie l'intérieur; puis elle aspire comme on boit avec une paille et vide l'insecte complètement.

L'asile recherche ses proies dans les champs et les jardins. De nombreuses espèces d'asiles ont, sur la tête, des poils piquants comme ceux d'une barbe. Ces poils protègent leurs yeux des proies qui se débattent. C'est un avantage pour l'asile puisqu'elle ne craint pas de s'attaquer à des insectes plus gros, comme les libellules. Elle s'attaque aussi à des insectes piqueurs, comme les abeilles. Si elle en a l'occasion, elle s'attaquera même à d'autres asiles. Selon certains scientifiques, parce qu'elles se nourrissent d'un si grand nombre d'espèces de bestioles, les asiles permettraient de maintenir un équilibre au sein du monde des insectes.

Le corps de l'asile est conçu pour la chasse. Sa tête pivote pour chercher les insectes. Grâce à ses ailes robustes, elle a un vol puissant, et ses pattes aux poils épineux lui permettent de bien saisir sa proie.

En général, l'asile vole en vrombissant au-dessus de sa victime. Puis elle se laisse tomber sur l'insecte et l'attrape en plein vol. Il arrive que l'asile prenne pour une proie une feuille ou autre chose qui flotte dans les airs. Elle s'élance à toute vitesse de son perchoir, mais y revient lorsqu'elle se rend compte qu'il ne s'agissait pas d'un bon repas.

Les asiles pondent des œufs; à l'éclosion, les jeunes asiles n'ont pas d'ailes et ressemblent plus à des vers

qu'à des mouches. Ce sont des larves.

Les larves d'asiles vivent, en général, dans la terre ou le bois pourri. Elles se nourrissent de larves d'autres insectes et de débris de plantes. Il leur faut de un à trois ans pour devenir adultes. Une fois adulte, l'asile est prête à voler et à terroriser le monde des insectes!

# Particularités

Certaines asiles imitent d'autres insectes, comme les bourdons. Elles sont même capables de bourdonner, ce qui les aide à tromper les insectes ou autres animaux qui voudraient les manger.

Une asile peut être très grosse. Une des espèces les plus grosses a un corps – et une envergure, c'est-à-dire la largeur des ailes dépliées – de plus de 6 centimètres. Cette espèce vit en Amérique du Sud.

Il existe environ 5 000 espèces d'asiles dans le monde. On en compte à peu près 200 au Canada.

# Croyances populaires

En anglais, l'asile se nomme « robber fly ». C'est parce que, il y a environ deux siècles, les gens comparaient les asiles à des bandits de grand chemin. Les bandits de grand chemin étaient des voleurs (*robbers*) à cheval qui pillaient les voyageurs sur les routes. Comme ces bandits de grand chemin, les asiles attendent en silence le passage de leurs victimes, puis les pourchassent; comme cet insecte, les bandits étaient vifs et costauds. Toutefois, ces derniers volaient de l'argent et des bijoux tandis que les asiles tuent.

# Chapitre 2

# Le taupin

Lorsqu'un taupin est en danger, il fait le mort. Il se renverse, le dos rond et les pattes repliées. Si le prédateur se laisse berner, il finira par s'en aller.

Si la ruse ne fonctionne pas, le taupin redresse brusquement le dos. Et avec un claquement sec, CLIC, il saute en l'air. S'il retombe sur le dos, il saute encore et continue de sauter jusqu'à ce qu'il retombe sur ses pattes. Bien souvent, le saut brusque et le claquement effraient le prédateur, qui s'enfuit. Sinon, avec un peu de chance, le taupin aura sauté assez loin pour pouvoir se sauver!

À la naissance, le taupin est une larve dont l'apparence est très différente de celle de l'insecte adulte. La larve du taupin s'appelle ver fil-de-fer, un nom qui lui va bien puisqu'elle ressemble à un ver et que son corps est dur comme du fil de fer. Elle préfère l'obscurité à la lumière. Pour cette raison, elle vit dans les endroits sombres, comme la terre et le bois pourri. Elle peut aussi ramper sous l'écorce d'un arbre.

Dans l'ouest du Canada, les agriculteurs n'aiment pas beaucoup la larve du taupin des prairies car ce ver fil-de-fer est friand de cultures. Le taupin femelle pond entre 200 et 400 œufs dans le sol. Quand les larves éclosent au bout de trois à sept semaines, elles commencent à dévorer les racines et les semences. Elles se régalent de différentes espèces de graminées, de pommes de terre, de maïs, de laitue, de tournesol, de colza et d'oignons.

Il est difficile d'empêcher les vers fil-de-fer de dévorer les cultures; ils sont résistants et survivent à l'hiver en hibernant dans le sol. Il leur faut de 4 à

11 ans pour devenir adultes! Cette transformation accomplie, on ne peut qu'admirer les incroyables sauts de cet insecte. CLIC!

# Particularités

Il existe de 7 000 à 9 000 espèces de taupins dans le monde.

Certaines larves de taupins contribuent à sauver des arbres en se nourrissant des larves du scolyte, un coléoptère qui s'y attaque.

Les taches qui ornent le dos du taupin grand-ocelle ressemblent à de gros yeux, pour effrayer les autres insectes ou les animaux qui voudraient le manger.

Dans certains pays, les taupins peuvent être bioluminescents. Cela signifie qu'ils émettent une lumière naturelle, qui ne dégage pas de chaleur.

# Croyances populaires

Autrefois, les gens croyaient que la lumière bioluminescente émise par les taupins était d'origine magique. Ils en faisaient pourtant bon usage. Certaines personnes attachaient plusieurs taupins sur leur tête pour que la lumière dégagée par les insectes éclaire les chemins sombres. Dans des soirées chics, les femmes décoraient leurs cheveux et leurs robes de taupins lumineux.

# Chapitre 3

# Le perce-oreille

Beaucoup de choses « entrent par une oreille et sortent par l'autre », mais le perce-oreille n'en fait pas partie. Le perce-oreille, aussi appelé forficule, aime les espaces étroits et ombragés. Il y a effectivement un risque qu'un perce-oreille entre dans ton oreille si tu dors en plein air, mais c'est très peu probable. En dépit de son nom, le perce-oreille ne s'intéresse absolument pas aux oreilles. Il préfère se faufiler sous les pierres ou se cacher dans l'écorce d'un arbre.

Le perce-oreille possède deux grosses pinces à l'arrière de son corps, appelées cerques. Mais tu n'as pas à t'en inquiéter non plus. Ces cerques peuvent pincer, mais le pincement est trop faible pour qu'un humain le sente. Les perce-oreilles se servent de leurs pinces pour faire peur aux insectes, araignées et petits oiseaux qui voudraient les dévorer. Au besoin, ils peuvent les utiliser pour blesser un assaillant. Certaines espèces de perce-oreilles projettent un liquide malodorant en direction de leurs ennemis.

Pour se développer, les perce-oreilles doivent muer. Cela veut dire que leur carapace devient trop petite et qu'ils la perdent. La plupart d'entre eux muent de quatre à six fois avant de devenir adultes. Certains perce-oreilles adultes possèdent en outre deux paires d'ailes. Deux ailes sont petites et épaisses; les deux autres, en forme d'oreilles, sont grandes et minces. Les petites ailes protègent les grandes ailes repliées jusqu'à ce que celles-ci s'ouvrent pour le vol. Leurs ailes n'étant pas très fortes, les perce-oreilles volent rarement. Ils filent plutôt ici et là, sur leurs six pattes. Ils se nourrissent principalement de plantes mortes ou en décomposition, et de différentes larves d'insectes.

Même sans voler, les perce-oreilles réussissent à voyager dans le monde entier. Ils se faufilent dans les bagages, les boîtes d'aliments et les caisses. Il y en a même un qui a visité le système postal international à l'intérieur d'une lettre! Bien entendu, les perce-oreilles n'organisent pas ces voyages. Ils se glissent dans les fissures d'objets qu'on transporte d'un endroit à un autre. La plupart des perce-oreilles présents au Canada sont des perce-oreilles européens. Ils sont sûrement arrivés ici par hasard, tout simplement en étant au mauvais endroit au mauvais moment!

# Particularités

Il arrive que des centaines de perce-oreilles se regroupent sous une seule et même roche.

Les perce-oreilles sont toujours aux aguets. Pendant qu'ils se reposent, ils gardent leurs antennes en contact avec leur environnement.

Quand il éclot, le perce-oreille se sert d'une « dent » spéciale pour briser son œuf et en sortir.

Certains perce-oreilles femelles sont de vraies mamans. Ils comptent parmi les rares insectes qui nettoient et protègent les œufs qu'ils ont pondus. Ils prennent même soin de leurs nymphes nouvellement écloses.

# Croyances populaires

Le perce-oreille a effrayé des gens dans de
nombreuses régions du globe. Certaines
personnes croyaient qu'il pouvait se faufiler dans
l'oreille d'un humain et pénétrer à l'intérieur de
son cerveau. D'autres l'accusaient de leur avoir
fait perdre l'ouïe et essayaient de se guérir avec
un « remède » composé de perce-oreilles séchés
et d'urine de lièvre!

# Chapitre 4

# La luciole

Dans la nuit, une petite lumière scintille… En clignotant ainsi, la luciole envoie un message : « Hé! je suis là! Je suis une femelle. Je suis prête pour l'accouplement. »

Dans le ciel, une luciole mâle remarque les clignotements. Leur combinaison lui indique si l'autre luciole appartient à son espèce. Si c'est le cas, il répond par des clignotements : « Message reçu. J'arrive! » Les deux insectes répètent ainsi leurs messages jusqu'à ce que le mâle rejoigne la femelle.

Ce ne sont pas toutes les espèces de lucioles qui clignotent, mais un grand nombre d'entre elles le font parce qu'elles sont bioluminescentes. Le mélange de certains éléments chimiques dans leur corps produit de l'énergie lumineuse. Contrairement à une ampoule électrique, l'énergie lumineuse produite par les lucioles ne crée presque pas de chaleur. Chez de nombreuses espèces, l'organe émetteur de lumière est situé à l'extrémité du corps, comme les feux arrière d'une automobile.

Chez certaines espèces, la femelle est dépourvue d'ailes et ne peut pas voler. On l'appelle souvent ver luisant. Elle est capable de se tortiller pour envoyer ses messages dans différentes directions. Certaines envoient même de faux signaux. Elles attirent ainsi les mâles d'espèces différentes de la leur et les mangent!

La larve de la luciole luit, elle aussi, et on l'appelle également ver luisant. Les scientifiques croient que la larve utilise ses « feux arrière » pour envoyer un avertissement : « Très mauvais goût. Ne pas manger. »

La larve se plaît dans la terre, le bois pourri ou les débris de feuilles. Elle mange des vers, des escargots et

des limaces. À l'âge de deux ans environ, la larve s'enferme dans une boule de terre qu'elle a fabriquée elle-même. Lorsqu'elle en sort au bout d'une ou deux semaines, elle est devenue une luciole adulte.

La plupart des lucioles adultes vivent moins de trois semaines. Certaines s'alimentent, mais beaucoup ne le font pas. Toutefois, elles essaient toutes de s'accoupler, et c'est à ce moment-là que tu vois leur étonnant spectacle lumineux! Un clignotement, puis un autre...

# Particularités

Les larves de lucioles traquent les escargots et les limaces en suivant la trace de leur bave.

Certaines lucioles tropicales clignotent en groupes immenses.

Au Canada, même s'il existe certaines espèces de lucioles qui n'émettent pas de lumière, la plupart le font. Tu peux voir leurs lumières clignoter dans les champs, durant les chaudes nuits d'été.

Les lucioles sont aussi appelées mouches à feu. En fait, ce ne sont pas du tout des mouches, mais plutôt des coléoptères.

# Croyances populaires

Voir des lucioles, est-ce bon ou mauvais signe? Tout dépend de l'endroit où tu habites!

✳ En Europe, on croit que, s'il y a une luciole dans une maison, c'est signe que quelqu'un va bientôt mourir.

✳ Au Japon, on pense que les lucioles sont les esprits des soldats morts pour leur pays.

✳ Dans certains pays méditerranéens, le clignotement des lucioles fait peur parce qu'on croit que la lumière provient des tombes.

✳ En Amérique du Nord, si on croise un ver luisant sur son chemin, c'est signe de succès.

# Chapitre 5

# La puce

Échapper à une puce n'est pas chose facile!
Évidemment, ce n'est qu'une bestiole minuscule (qui
mesure souvent moins de 4 millimètres de long).
Et puisqu'elle n'a pas d'ailes, elle est incapable de
voler. Par contre, elle saute très bien.

À l'aide de ses puissantes pattes arrière, elle peut
faire des bonds de plus de 60 centimètres. Elle peut
sauter en l'air ou sur le côté. Et c'est ainsi qu'elle
arrive sur sa victime pour lui sucer le sang.

Les puces existent depuis des millions d'années. Tu t'imagines une puce en train de sauter sur un animal préhistorique, de lui percer la peau avec sa pièce buccale acérée et de lui sucer le sang? De nos jours, les puces sont des parasites des lapins, des écureuils, des chats et des chiens. Elles s'attaquent même aux humains. Certaines sucent aussi le sang d'oiseaux, comme les poulets.

Selon son espèce, une puce peut demeurer chez son hôte ou s'y inviter juste pour les repas. Ses antennes et ses poils épineux lui indiquent s'il y a un animal près d'elle. Elle est capable de percevoir la chaleur de l'animal, sa respiration et ses mouvements.

La puce est faite pour se glisser dans le pelage des animaux. Elle a un corps aplati des deux côtés, ce qui lui permet de se faufiler aisément dans la fourrure et les plumes. Ses poils épineux l'aident à s'y agripper.

Certaines puces peuvent se nourrir pendant quatre heures, sans interruption. Elles aspirent alors beaucoup plus de sang que nécessaire. Elles rejettent le surplus par leur anus, et ces déjections tombent souvent à l'endroit où leur hôte se repose. Là, les larves s'en

nourrissent. Cette poussière de sang constitue une partie importante de leurs repas jusqu'à ce qu'elles grandissent et se tissent un cocon. Quand elles en sortent, les larves sont devenues des puces adultes et sont prêtes à partir elles-mêmes à la recherche de sang frais!

# Particularités

Différentes espèces de puces peuvent se nourrir sur un seul et même animal... toutes en même temps.

Si tu laisses ton chien ou ton chat sortir en août, septembre ou octobre, tu remarqueras peut-être qu'il attrape des puces plus souvent. Au Canada, ce sont les mois durant lesquels les puces survivent le mieux à l'extérieur.

Certains œufs de puces peuvent éclore en une journée.

Une puce peut vivre plusieurs mois sans nourriture.

Même des puces qu'on avait congelées pendant un an ont survécu.

Les puces servent parfois d'hôtes, elles aussi. De minuscules mites peuvent se loger entre les plaques de leur carapace et profiter du transport gratuit.

Savais-tu que les cirques de puces étaient autrefois une attraction populaire? Les puces exécutaient des tours et tiraient des objets aussi lourds pour elles qu'un éléphant pour toi.

# Croyances populaires

✳ Autrefois, on croyait que les puces n'infestaient que les personnes paresseuses.

✳ Des gens croyaient que, si on attrapait une seule puce en mars, on se débarrasserait d'une centaine d'autres.

✳ Les Romains de l'Antiquité pensaient que les puces naissaient de la poussière et la saleté chauffées par la lumière du soleil.

# Chapitre 6

# La sauterelle

Un athlète olympique aurait de quoi être jaloux de la sauterelle. En effet, celle-ci est capable de franchir, en un saut, une distance faisant de 15 à 20 fois sa longueur! La sauterelle est faite pour sauter. Ses deux pattes arrière, dont la partie supérieure possède des muscles épais, sont longues et puissantes. Ces pattes sont tellement bien adaptées au saut que la sauterelle ne peut marcher que d'une manière maladroite.

Quand une sauterelle s'apprête à sauter, ses quatre pattes plus courtes soulèvent la partie avant de son corps. Ses pattes arrière se déplient brusquement et la sauterelle est propulsée dans les airs. Elle saute d'un endroit à un autre et peut se déplacer jusqu'à 10 fois plus vite que la plupart des insectes coureurs.

Il existe plus de 5 000 espèces de sauterelles dans le monde. La plupart d'entre elles peuvent à la fois sauter et voler. Elles possèdent une paire d'ailes avant épaisses et une paire d'ailes arrière diaphanes. Quand elles volent, les sauterelles ouvrent leurs ailes avant et font battre leurs ailes arrière. Toutefois, même les sauterelles qui ont des ailes se déplacent plus souvent en sautant qu'en volant.

Certaines espèces de sauterelles se servent de leurs ailes pour produire un chant. La sauterelle mâle chante ainsi pour attirer la femelle et avertir les autres mâles de s'éloigner. La manière dont la sauterelle produit ce son dépend de son espèce. Certaines sauterelles font du bruit en frottant les minuscules crêtes, situées sur leurs pattes arrière, contre leurs ailes avant. D'autres frottent ces mêmes ailes l'une contre l'autre. En plein vol, certaines espèces frappent leurs pattes arrière avec leurs ailes pour produire un son

tandis que d'autres se contentent de faire claquer leurs ailes.

Pour entendre tous ces chants, certaines sauterelles possèdent des tympans situés juste au-dessous de leurs ailes, de chaque côté de leur corps. D'autres ont des tympans dans les pattes avant. De par le son produit, la femelle est en mesure de savoir si le musicien est un partenaire éventuel, puisque chaque espèce a un chant particulier.

# Particularités

Il est déjà arrivé que des millions de sauterelles volent ensemble, en formant un seul groupe appelé essaim. L'essaim était si compact qu'il bloquait la lumière du soleil.

Les plus grosses sauterelles du monde font environ 15 centimètres de long. Les plus petites mesurent moins de 6 millimètres.

Les sauterelles sont incapables de boire. L'eau qu'elles parviennent à absorber provient des plantes qu'elles mangent.

En se servant des minuscules crochets situés à l'extrémité arrière de son corps, la sauterelle femelle peut creuser un terrier où elle pond ensuite de 20 à 100 œufs.

La sauterelle appelée *Melanoplus differentialis*, qui vit partout au Canada, peut manger jusqu'à 16 fois son poids en une seule journée.

# Croyances populaires

✳ Si tu attrapes une sauterelle, tu verras un liquide brun lui sortir de la bouche. C'est ainsi qu'elle essaie de se protéger car ce liquide brun a mauvais goût. Certaines personnes croient qu'il est un bon traitement contre les verrues.

✳ Dans certains contes asiatiques, on décrit la sauterelle comme étant un mélange de sept animaux. On prétend qu'elle a la tête d'un cheval, le cou d'un taureau, les ailes d'un dragon, les cornes d'un cerf, le corps d'un scorpion, les pattes d'un chameau et la queue d'un serpent.

# Chapitre 7

# L'abeille

Elle tournoie dans un sens, puis dans l'autre. Elle se tortille ici et là. Elle danse tout en bourdonnant. C'est une abeille. Ses mouvements indiquent aux autres abeilles qu'elle a trouvé une bonne source de nectar et de pollen. Sa danse peut même leur faire comprendre où trouver ce trésor.

Les abeilles vivent en groupes appelés colonies. Une colonie est constituée de milliers d'abeilles. On appelle leur habitation une ruche. Chaque ruche compte une seule reine dont l'unique tâche est de pondre des œufs... jusqu'à 1 500 par jour! Elle n'a pas le temps de faire quoi que ce soit d'autre; ce sont donc d'autres abeilles, les ouvrières, qui prennent soin d'elle.

Comme leur nom l'indique, les ouvrières font tout le travail au sein de la colonie. Elles construisent les rayons de cire, nettoient le logement, trouvent de la nourriture et s'occupent des larves et de la reine. De plus, elles défendent la colonie avec leur aiguillon. Lorsqu'elles piquent un ennemi, leur aiguillon s'arrache et elles meurent.

Les ouvrières butinent pour récolter le nectar et le pollen d'un grand nombre de plantes différentes. Elles transportent le pollen dans les corbeilles à pollen formées par des poils sur leurs pattes arrière. Le nectar, lui, est transporté dans un estomac spécial appelé jabot.

De retour à la ruche, les ouvrières déposent le nectar dans les cellules, ou alvéoles, des rayons de cire. Pour fabriquer le miel, les abeilles battent des ailes au-dessus du nectar, provoquant l'évaporation de l'eau qu'il contient. L'eau se transforme en gaz et se mélange à l'air. Quand l'eau s'est presque entièrement évaporée, le nectar devient du miel.

Si la reine meurt, les ouvrières la remplacent. Elles placent un œuf frais dans une grande alvéole. Quand la larve sort de l'œuf, les ouvrières l'élèvent dans le but d'en faire leur nouvelle reine. Elles la nourrissent de gelée royale, un mélange composé de miel, de pollen et d'un liquide spécial sécrété par les abeilles.

Les abeilles mâles, ou faux bourdons, s'accouplent avec la nouvelle reine, puis meurent. Mais la reine a ce qu'il lui faut pour pondre d'autres œufs. Ainsi va la vie dans la colonie.

# Particularités

En une seule journée, une abeille peut parcourir 16 kilomètres afin de récolter du nectar et du pollen pour sa ruche.

Pour fabriquer un demi-kilo de miel, les abeilles doivent butiner à peu près deux millions de fleurs.

Les abeilles battent des ailes environ 200 fois à la seconde.

Au Canada, on compte quelque 9 000 apiculteurs; c'est le nom qu'on donne aux personnes qui élèvent des abeilles.

Les Canadiens adorent le miel. Mais nous avons une autre raison d'apprécier ces insectes : ils assurent la pollinisation d'un grand nombre de nos cultures.

# Croyances populaires

✳ Autrefois, on croyait qu'une querelle de famille pouvait chasser les abeilles de leur ruche.

✳ On disait aussi que, si une abeille touchait les lèvres d'un bébé, celui-ci deviendrait un excellent orateur ou conteur.

✳ Aux États-Unis, des gens croyaient que la malchance frapperait quiconque mangeait du miel ou utilisait de la cire ayant été produits par les abeilles d'un ennemi.

✳ Tu es un peu déprimé ou fatigué? Certaines personnes croient que tu te sentiras mieux si tu manges du miel.

# Chapitre 8

# Le taon

Chez les taons (qu'on prononce « tan » et qu'on appelle aussi « mouches à cheval »), la femelle se nourrit souvent de sang. Elle est sans pitié et assoiffée! Elle sucera le sang de ton chien, de ton cheval, de ta vache, et même le tien! Elle coupe la peau à l'aide de pièces buccales acérées comme des lames de rasoir. Elle peut sucer du sang pendant plusieurs minutes d'affilée.

Le taon injecte sa salive dans la morsure, ce qui active la circulation du sang. Mais ne t'inquiète pas :

un ou deux taons ne peuvent pas t'aspirer assez de sang pour te faire du mal. Leur morsure, toutefois, est douloureuse et leur salive peut causer une réaction allergique. Si tu ne veux pas attirer les taons quand tu es dehors, porte des vêtements clairs et reste à l'ombre.

Le mâle et la femelle sont tous les deux de puissants insectes volants, dotés de deux ailes. En guise de carburant, ils boivent du nectar et d'autres sucs issus des plantes. Seules les femelles sucent le sang. Les taons volent toute la journée en vrombissant, à la recherche de nourriture. Parfois, ils cherchent aussi des partenaires.

Après l'accouplement, les taons femelles pondent leurs œufs dans des touffes de plantes, de préférence à proximité de l'eau. Elles fabriquent une sorte de boue imperméable dont elles recouvrent les œufs qui restent ainsi collés ensemble.

Quelques jours plus tard, les larves éclosent. Elles s'enfouissent dans la terre humide, près des marécages, des rivières et des lacs. Elles mangent ce qu'elles ont à leur portée, comme de minuscules bestioles et des plantes en décomposition. Elles restent sous forme

larvaire parfois jusqu'à trois ans; cela dépend de leur espèce et du lieu où elles vivent.

Le moment venu, les larves de taons se dirigent vers des endroits plus secs. Elles arrêtent de manger et de bouger, s'entourent d'une enveloppe dure et deviennent des pupes. À l'intérieur de leur enveloppe, les larves se transforment peu à peu en taons adultes. Cette étape peut prendre jusqu'à 12 jours. Quand ils sortent de leur enveloppe, les taons sont affamés et prêts à manger. Alors, méfie-toi des femelles!

# Particularités

Un taon adulte a une tête énorme et un corps épais. Il peut mesurer jusqu'à 2,5 centimètres de long.

Un taon peut voler à une vitesse de 25 kilomètres à l'heure.

Au Canada, il existe 75 espèces de taons.

Un taon femelle peut pondre jusqu'à 1 000 œufs à la fois.

La larve de taon peut rentrer sa tête à l'intérieur de son corps.

Les larves de taons sont cannibales, c'est-à-dire qu'elles mangent d'autres larves de taons.

# Croyances populaires

✳ En Amérique du Nord, certaines personnes croyaient qu'un esprit puissant avait un jour puni une tribu trop paresseuse pour cultiver la terre en prévision de l'hiver. Selon elles, l'esprit avait transformé la tribu en taons qui se nourrissaient de détritus, tels que des fruits et des légumes pourris.

✳ En Amérique du Sud, on pensait que les taons étaient des chefs décédés, venus chercher les âmes de leurs proches sur le point de mourir.

✳ En Écosse, des gens prétendaient que si un taon tombait dans un verre à l'instant même où la personne s'apprêtait à boire, c'était signe de chance.

# Chapitre 9

# La coccinelle

La coccinelle, parfois appelée bête à bon Dieu ou catherine, est ce qu'on appelle un coléoptère. Elle possède des élytres, c'est-à-dire des enveloppes dures qui recouvrent ses ailes, ainsi que des pièces buccales capables de mordre. Autrefois, en Europe, on croyait que la coccinelle pouvait faire des miracles, par exemple en empêchant la destruction des moissons.

Mais il n'en est rien. La coccinelle raffole tout simplement des pucerons, eux-mêmes friands de cultures.

Les larves de coccinelles sont tout aussi voraces que les adultes. En une journée, une grosse larve peut engloutir 500 pucerons suceurs de plantes. Heureusement, les pucerons sont lents. La larve de coccinelle peut donc prendre tout son temps pour s'alimenter. Elle se promène autour des plantes où s'agglutinent les pucerons et ingurgite tous ceux qui se trouvent sur son chemin.

Si la coccinelle a de la difficulté à trouver des pucerons, elle peut rester sans manger pendant un certain temps. Elle se nourrit parfois de pollen de fleurs. En dernier recours, elle peut dévorer ses œufs et ses propres larves.

Les gens trouvent que les couleurs vives et les motifs des coccinelles sont jolis. Mais ces couleurs et ces motifs repoussent de nombreux animaux insectivores. Les couleurs sont un avertissement : « Je sens mauvais, et en plus, j'ai un goût désagréable. »

Si cet avertissement est sans effet, la coccinelle fait jaillir de ses pattes un sang jaune au goût infect. Elle peut même faire la morte : elle se renverse sur le dos, les six pattes et les deux antennes plaquées contre le corps. Une fois le danger passé, la coccinelle s'appuie contre ses élytres et se remet d'un bond sur ses pattes.

Au Canada, on compte environ 160 espèces de coccinelles. Il y a quelques années, des gens ont importé d'Asie la coccinelle asiatique multicolore qui devait aider à dévorer les pucerons. On la retrouve désormais partout au Canada. Cette coccinelle, jaune ou orange, risque de te mordre si tu essaies de la saisir. Sa morsure n'est pas vraiment douloureuse, mais ce n'est pas un comportement auquel on s'attend de la part d'une coccinelle!

# Particularités

Une coccinelle peut se déplacer la tête en bas, car elle possède des coussinets collants à l'extrémité de ses pattes.

Il existe des milliers d'espèces de coccinelles dans le monde. Elles peuvent présenter des motifs différents et être de diverses couleurs, y compris vertes et jaunes.

Certaines coccinelles hibernent en très grands groupes. Sur les hauteurs de la Sierra Nevada, une chaîne de montagnes bordant la Californie, des scientifiques ont découvert des masses de coccinelles qui recouvraient des étendues équivalant à quatre terrains de football.

Douze coccinelles affamées pourraient suffire pour débarrasser un arbre fruitier infesté de pucerons.

# Croyances populaires

✳ Dans certaines régions du monde, les gens croyaient que les coccinelles pouvaient les guérir de certaines maladies, comme la rougeole.

✳ Tu as mal à une dent? Autrefois, on aurait pu te conseiller de remplir ta carie d'une coccinelle broyée.

✳ Si une coccinelle passait sur la main d'une femme, c'était signe, disait-on, que celle-ci se marierait bientôt.

✳ Les coccinelles annoncent la chance et le beau temps... du moins, si tu crois que ces insectes possèdent des pouvoirs spéciaux.

## Chapitre 10

# Le moustique

Il vrombit près de ton oreille. Il te pique et te donne des démangeaisons pendant des jours. Le moustique, ou maringouin, est agaçant, mais il est aussi fort intéressant. La femelle peut pondre de 100 à 400 œufs à la fois. Par temps chaud, il faut à peine quatre jours pour qu'un moustique éclose et devienne adulte. Quand le temps est plus frais, cela peut prendre une ou deux semaines, ce qui est quand même assez rapide.

Certains moustiques pondent leurs œufs dans de

la terre humide. D'autres les pondent sur des pierres et des plantes qui seront bientôt recouvertes d'eau. D'autres encore les déposent dans l'eau ou à la surface, et les collent ensemble.

La larve de moustique possède une grosse tête et de longues antennes, mais pas de pattes. Elle se développe dans l'eau, où elle nage rapidement en se propulsant d'un côté à l'autre. La plupart des larves de moustiques se nourrissent de micro-organismes, c'est-à-dire de minuscules êtres vivants, comme des bactéries. Elles mangent aussi des petits morceaux de plantes. Les larves récoltent leur nourriture à l'aide des brosses de poils situées près de leur bouche. Les brosses servent à attraper la nourriture et peuvent aussi créer des courants dans l'eau pour amener la nourriture vers la bouche. Les larves grandissent vite. Elles muent quatre fois avant de se transformer en pupes.

Contrairement à d'autres espèces de pupes, les pupes de moustiques peuvent être très actives. Elles ne mangent pas, mais nagent très vite si on les dérange. En général, elles se déplacent vers le fond de l'eau où elles se cachent.

Une fois adulte, le moustique mâle se sert de ses antennes pour entendre le vrombissement des femelles en vol. C'est ainsi qu'il trouve sa partenaire. Après l'accouplement, la femelle part en quête de sang pour se nourrir et pouvoir générer des œufs. Quand elle trouve un hôte, elle perce la peau de sa victime, y injecte de la salive pour activer la circulation du sang, puis aspire le sang. Elle mange jusqu'à ce qu'elle soit sur le point d'exploser. Bien souvent, son poids double en un seul repas. C'est la salive qui provoque la démangeaison à l'endroit de la piqûre. Avec un peu de chance, tu ne seras pas son prochain repas!

# Particularités

Il y a plus de 3 000 espèces de moustiques dans le monde. Au Canada, on en compte environ 75 espèces.

Un moustique peut battre des ailes 600 fois à la seconde.

Un seul repas de sang peut suffire à générer 100 œufs de moustique.

Certaines larves du moustique de la sarracénie passent l'hiver dans la glace, qui est en fait l'eau gelée contenue dans cette plante carnivore.

# Croyances populaires

D'où viennent les moustiques?

✳ Selon une légende du nord du Japon, un chasseur aurait, un jour, tué un lutin qui n'avait qu'un œil, ressemblait à un ours et dévorait les gens. Le chasseur aurait ensuite mis le feu à son corps. Mais les cendres se seraient transformées en insectes piqueurs, dont les moustiques.

✳ Dans l'est du Canada, une légende amérindienne racontait qu'un esprit avait transformé la crasse qui souillait des vêtements en moustiques. L'esprit voulait ainsi punir une femme qui était trop paresseuse pour laver les vêtements de son époux.